SOLIMAN

ou

L'AMBASSADE D'UN MOINE

DRAME HISTORIQUE EN 4 ACTES

Par Rupert PHAUSINEF

PARIS

LIBRAIRIE BLÉRIOT

HENRI GAUTIER, SUCCESSEUR

55, QUAI DES GRANDS-AUGUSTINS, 55

PERSONNAGES :

SALADIN, sultan, 50 ans.

NORBERT, moine, 28 ans.

MALEK-ADEL, frère de Saladin, 46 ans.

BALIÉAN, commandeur des Hospitaliers, 40 ans.

JOSSELIN III DE COURTENAY, chevalier français, 35 ans.

RAOUL, troubadour, 18 ans.

AZEL, poète musulman, 18 ans.

HIRCAN, juif, 50 ans.

ZOPIRE, fils de Hircan, 12 ans.

ZÉLIM, chef des Imans.

ALVANTE, officier de Saladin.

SIMON,
CYPRIEN, } bourgeois de Jérusalem.
CYRILLE,

Soldats français.

Soldats musulmans.

Hommes du peuple.

La scène se passe à Jérusalem, en 1187.

SOLIMAN

OU

L'AMBASSADE D'UN MOINE

DRAME HISTORIQUE EN 4 ACTES

PAR RUPERT PHAUSINEF

PRIX : 30 CENTIMES

PARIS

LIBRAIRIE BLÉRIOT

NRI GAUTIER, SUCCESSEUR

55, QUAI DES GRANDS-AUGUSTINS, 55

SOLIMAN

ou

L'AMBASSADE D'UN MOINE

ACTE PREMIER

Une place publique de Jérusalem ; à droite, l'église du Saint-Sépulcre ; à gauche, la Commanderie des chevaliers hospitaliers de Saint-Jean.

(Les indications de droite et de gauche sont prises du spectateur.)

SCÈNE I

HIRCAN, ZOPIRE.

(Au lever du rideau, ils entrent du fond gauche et traversent la place.)

ZOPIRE, *s'arrêtant.* — Quelle est donc cette place où jusqu'à ce jour vous ne m'avez jamais permis de me rendre ?

HIRCAN. — Nous sommes sur le mont du Calvaire. Autrefois, cette place était pour tous, comme elle l'est encore pour nous, un lieu d'horreur et de malédiction. On n'y voyait que les gens sans honneur s'y presser pendant qu'on y crucifiait les criminels... Mais, depuis que nos pères ont fait périr Jésus de Nazareth, cette montagne est vénérée de tous les chrétiens, comme autrefois le saint temple de Jérusalem l'était des Juifs.

ZOPIRE. — Père, pourquoi venir ici, puisque, comme toujours, vous abhorrez le Calvaire ?

HIRCAN. — Tu sais qu'il y a un mois Dieu frappa les chrétiens d'un coup terrible, en donnant à Tibériade la victoire à Saladin. Afin qu'ils ne puissent se relever de leur chute, le Sultan s'est hâté de venir assiéger Jérusalem ; il n'y avait dans la cité que des femmes, des vieillards et 5,000 soldats francs. Ces derniers, résolus de se défendre jusqu'à la mort, ont refusé la proposition du Sultan ; ils ont ensuite fait enlever la plus grande partie des vivres. Et aujourd'hui que tu me demandes du pain, hélas ! je ne puis t'en donner.

ZOPIRE. — Mon père !

HIRCAN. — Il est vrai que les chrétiens sont à la dernière extrémité, que dans deux jours les Turcomans seront dans Jérusalem, mais deux jours, c'est bien long quand on souffre... et voilà, mon fils, pourquoi je suis venu ici au monastère des Hospitaliers, où l'on m'a dit que nous trouverons quelques vivres, et, ce qui est plus rare encore, des cœurs accessibles à la pitié.

Zopire. — Les Hospitaliers sont-ils juifs comme nous, mon père ?

Hircan. — Non, Zopire, ce sont des chrétiens, mais ils aiment les hommes quelle que soit leur religion !... Va donc vers eux, frappe à la porte, et demande, au nom de Jéhovah, un peu de pain pour toi et pour ton père.

Zopire. — Oh ! pour vous d'abord, père. (*L'enfant sort par le fond à gauche.*)

SCÈNE II

HIRCAN, *seul d'abord ;* SIMON et CYPRIEN, *venant du fond de droite.*

Hircan. — Va, cher enfant, ils auront pitié de ton âge ! Va, fils d'Abraham, dans cette terre promise à sa foi, tendre une main suppliante à des étrangers, pour un jour encore nos maîtres ! Quand donc, ô Dieu de nos pères, rétablirez-vous le royaume d'Israël ? Cette armée avide de sang qui se presse autour de nos murs en ruines nous apporte-t-elle la délivrance ou de nouvelles chaînes ? Que je voudrais être dans le camp de Saladin ! Là, je trouverais l'abondance ; là encore comme les Juifs, mes frères, j'irais en liberté sans être un objet de mépris. Mais c'est en vain : le commandeur ne permet à aucun étranger de sortir de la ville.

Simon, *entrant et parlant à Cyprien.* — La famine est grande dans Jérusalem.

Cyprien. — Ce sont les Juifs, sans doute, qui se sont emparés des vivres.

Simon, *voyant Hircan à droite.* — Un Juif ! Que fait ce chien sur le mont sacré ?

Hircan. — Ici, comme ailleurs, il souffre en silence.

Cyprien. — Ote-toi de devant l'entrée de l'église du Saint-Sépulcre. (*Hircan passe à gauche.*)

Simon. — Peuple misérable ! maudit comme Caïn.

Cyprien. — Comme lui errant et vagabond.

Simon. — Comme lui encore, venant parfois au lieu où crie le sang d'Abel.

Hircan. — Ah ! nos pères ne lui prodiguaient pas l'insulte ; ils avaient horreur de Caïn, mais ils le plaignaient.

Cyprien. — Que fait ce peuple déjà dix fois témoin de la ruine de sa capitale ?

Hircan, — Il demeure. (*Simon et Cyprien sortent à gauche en haussant les épaules.*) Voilà longtemps, bien longtemps, en effet, que le peuple de Dieu est l'objet de tous les mépris. Serait-il vrai que le sang du Nazaréen crie vers le ciel, et que, lorsqu'en ces lieux on élevait sa croix, Dieu détournait pour jamais ses yeux de dessus nous? Mais loin de moi ces pensées : notre état est celui dont nous menaçaient les prophètes ; les nations sont la verge dont Dieu nous frappe, et qu'il brise ensuite comme un meuble inutile. L'armée de Titus a profané, détruit le temple saint, et les Romains ne sont plus. Que sont devenus les Syriens et les Egyptiens, tour à tour maîtres de Sion? Un jour ils succombèrent comme les Francs succombent aujourd'hui. Ah ! chrétiens, vous dites en nous insultant : *Que fait ce peuple déjà dix fois témoin de la ruine de sa capitale ?...* Ce qu'il fait ? Il assiste à la ruine de tous les autres peuples. Vous passez comme la vague : les nations précipitent les nations vers l'abîme, les fils d'Abraham seuls restent immobiles comme l'écueil au milieu des flots.

SCÈNE III

HIRCAN, ZOPIRE, *venant du fond gauche.*

ZOPIRE. — Père, voici du pain ; un homme de Dieu m'en a donné. Oh ! il est bon, il est doux comme un ange !

HIRCAN, *prenant le pain et le partageant.* — Sans doute, ce n'est pas un chrétien.

ZOPIRE. — C'est un moine.

HIRCAN. — Alors tous les chrétiens ne se ressemblent pas... Mais pourquoi rester si longtemps ?

ZOPIRE. — Le prieur des Hospitaliers m'a fait asseoir auprès de lui ; il m'a demandé mon nom, celui de mon père, notre état, nos projets... et moi je lui ai dit tout ce qu'il a voulu savoir... Mais le voici, père, il vient vers nous.

SCÈNE IV

ZOPIRE, HIRCAN, NORBERT, *venant du fond gauche.*

NORBERT. — Est-il vrai, Hircan, que vous désirez passer dans le camp ennemi ?

HIRCAN. — Pardonne, chrétien, ce n'est point pour porter les armes contre vous, je ne veux que moins de souffrances.

ZOPIRE, *à part.* — Hélas ! peut-être ai-je commis quelque indiscrétion !

NORBERT. — Ne craignez rien. Le commandeur Baléan m'honore de sa confiance ; je le verrai bientôt, peut-être je vous obtiendrai ce que vous désirez. En attendant, acceptez cette pièce de monnaie, et quand sonnera la troisième heure du jour, soyez au monastère ; vous y trouverez, j'espère, un permis de sortir, ou du moins des vivres et une main amie. (*Il leur tend la main.*)

HIRCAN. — Oh ! merci, homme de bien, toi le seul chrétien qui m'a secouru. Merci ! et si jamais Hircan peut t'assister, t'offrir sa vie, son sang !... ils seront à toi, j'en jure par Jéhovah !

NORBERT. — Bientôt peut-être je te rappellerai ton serment. Dis-moi, Hircan, si tu parvenais au camp de Saladin y serais-tu libre ? Pourrais-tu aller et venir sans être arrêté à chaque instant par les sentinelles ?

HIRCAN. — Je pourrais, j'en suis sûr, pénétrer jusqu'à la tente même du Sultan. Nous autres Juifs on nous outrage, on nous crache au visage, et néanmoins on nous laisse aller partout comme le chien d'un officier ou l'esclave d'un émir.

Norbert. — Il suffit ; reviens à l'heure fixée.

Hircan, *partant.* — J'y serai, chrétien.

Zopire, *partant.* — Jéhovah te garde, homme généreux. (*Ils sortent par le deuxième plan à gauche.*)

SCÈNE V

NORBERT, *seul.*

Combien j'envie ton sort, toi qui peux parvenir jusqu'à la tente de Saladin !... Que je voudrais voir le vainqueur de l'Orient ! Que de fois aussi je monte sur les remparts et regarde au loin si je ne le distinguerais pas au milieu des guerriers musulmans !... Mais non. Ah ! s'il savait... Mais que dis-je, insensé ! Moi, revêtu de l'habit de la religion ! Cependant si j'allais me jeter à ses pieds, si je lui demandais grâce pour cette cité si près de sa ruine !... il ne me refuserait pas. Au moins pourrais-je le voir, lui parler, le regarder longtemps,

SCÈNE VI

NORBERT, *pensif ;* RAOUL, *venant du premier plan à droite.*

Raoul. — L'église, c'est le seul lieu qui me soit un asile ; aussi y passé-je la nuit entière sommeillant paisiblement sous l'œil de mon Dieu... Quand donc reverrai-je mes foyers, où m'attendent chaque soir ma sœur et ma mère ? Jeune troubadour des bords du Rhône, j'ai pris le bâton de pèlerin pour visiter le Saint-Sépulcre, et quand j'ai voulu, la palme à la main, retourner vers mes frères, je n'ai pu sortir : la cité était environnée d'ennemis. Hélas ! bientôt je finirai le pèlerinage de la vie ! Demain, le glaive musulman s'abreuvera de mon sang ! Et quand cela ne serait pas, le terme de mon existence ne peut être éloigné, car la faim m'épuise de jour en jour.

Norbert, *à part.* — Le seigneur de Courtenay tarde bien ; aurait-il oublié qu'il m'a promis de me faire connaître le résultat de sa mission auprès du Sultan ?

Raoul, *à part.* — En vain, je fais entendre ma voix ! En vain, je chante les malheurs de Sion en demandant le pain de la charité, je ne trouve partout que des cœurs de marbre, des hommes insensibles, que je me sens pressé de maudire.

Norbert. — Pourquoi, mon frère, vous laisser abattre ainsi par la douleur ?

Raoul. — Un moine !

Norbert. — Est-ce auprès du Saint-Sépulcre qu'il faut maudire les hommes ?... Si, pressés eux-mêmes par la faim, ils refusent de vous secourir, pensez à Jésus mourant, et dites aussi : « Mon père, pardonnez-leur ».

Raoul. — Pardon, mon père.

Norbert. — Allez au monastère des Hospitaliers ; vous y aurez une part du pain qui nous reste encore. (*Raoul sort au fond, à gauche.*)

SCÈNE VII

LES MÊMES, puis JOSSELIN, *venant du fond à droite.*

Norbert. — Peut-être la reine Sibylle retient-elle Josselin auprès d'elle ?... Mais, le voici.

Josselin. — Vous m'attendiez, Norbert ?

Norbert. — Quel a été le succès de la députation d'hier ?

Josselin. — Nous avons déclaré au vainqueur de Tibériade que nous acceptions les propositions qu'il nous fit le premier jour du siège.

Norbert. — Et quelle a été sa réponse ?

Josselin. — En vous proposant une capitulation, a-t-il dit, je voulais me hâter dans mes conquêtes, surtout épargner le sang de tant de braves guerriers qui, depuis trois semaines, périssent auprès de vos remparts. Vous avez cru que mon offre était dictée par la peur ; vous vous êtes flattés de vaincre Saladin ; vous avez agi en aveugles, en présomptueux, qui n'avez pas compté combien vous êtes et ce que nous sommes... Et aujourd'hui que la ville est incapable d'une plus longue résistance, vous venez demander à capituler !... Et moi, je refuse de vous entendre : il n'y a point de traité à faire avec des ennemis vaincus. Demain mes soldats vous égorgeront tous aux mânes de mon malheureux fils !

Norbert. — Eh quoi ! Saladin pense encore à son fils ?

Josselin. — Chaque jour il le regrette et le pleure.

Norbert. — Père tendre !

Josselin. — Et c'est ce qui m'étonne, car il n'est point dans l'ordre de la nature que les tigres répandent des larmes !

Norbert. — Seigneur, ne vous hâtez pas de juger Saladin ! Peut-être se fera-t-il chrétien un jour !... Je connais le Sultan, il n'a point l'âme féroce.

Josselin. — Un homme qui nous condamne tous à être égorgés ! qui, il y a un mois, fit périr sous ses yeux trois cents chevaliers de Saint-Jean, vos frères, et deux cents Templiers, et vous le croyez humain ! Avez-vous oublié les désastres dont il a couvert la Palestine entière ?... Peut-on être plus sanguinaire !

Norbert. — Je sais tout cela, et pourtant !...

Josselin, *à part.* Quel est cet homme ! (*Haut.*) Et qui êtes-vous donc, Norbert, pour ne pas sentir votre âme déborder d'indignation contre le chef de nos ennemis !

Norbert. — Un homme qui estime et qui aime Saladin.

Josselin. — Ce langage m'étonne.

Norbert. — Il vous surprendra moins quand vous saurez que j'ai été mahométan et soldat du fils d'Ayoub.

Josselin. — Vous, le prieur de Saint-Jean ?

Norbert. — Ecoutez-moi, j'ai besoin de me faire connaître à ceux que je veux servir, et que peut-être je pourrai sauver. Je suis né à

Damas, de parents mahométans. Ma mère mourut lorsque j'étais bien jeune encore, et une esclave prit soin de moi ; or, elle était chrétienne : peu à peu elle gravait dans mon âme les principes de sa religion ; je l'aimais ainsi que sa parole attachante et douce. A douze ans, je haïssais les chrétiens, car ils étaient les ennemis de ma nation, mais je croyais à la vérité de leur doctrine, et déjà j'étais chrétien par mes désirs quand j'atteignis ma dix-huitième année. Alors mon père m'appela à prendre les armes contre les Francs : le bruit des camps me fit oublier mes pensées religieuses. Quand se donna la bataille d'Ascalon, il y a neuf ans, je servais dans la division Malek-Adel, et je faisais partie de la colonne que commandait Soliman fils de Saladin. Au plus fort du combat, les Templiers, par un mouvement impétueux, nous prirent en flanc : Jacques de Mailli, leur chef, me perça le côté gauche d'un coup de lance et je tombai parmi les morts...

RAOUL. — Et ensuite ?

NORBERT. — Les Arabes bédouins, qui passaient après le combat comme d'autres vautours, me dépouillèrent de mes vêtements. Après eux un moine qui parcourait le champ de bataille, s'approchant, mit la main sur ma poitrine, et sentit que le flambeau de la vie n'était pas éteint dans mon cœur ; il eut pitié de moi, et quand je me réveillai, j'étais dans l'hospice de Saint-Jean de Jérusalem...

RAOUL. — Et là ?

NORBERT. — Des sœurs hospitalières eurent soin de moi : leur voix me rappelait l'esclave chrétienne gardienne de mon enfance, et s'efforçait de faire naître en moi des pensées religieuses... Néamoins je résistais, et sans doute la haine des Francs m'eût pour toujours éloigné de Dieu, si ce Dieu ne se fut abaissé vers moi. C'était au milieu d'une nuit obscure ; je sentis mes plaies se rouvrir ; une fièvre ardente circulait dans mes veines ; je voulais crier et je ne trouvais aucun son dans ma poitrine oppressée. La mort se présentait à moi avec toute l'horreur qu'elle inspire à qui la considère sans enthousiasme et sans désespoir : « Je vais mourir ! disais-je, et que sera cette éternité qui commence ! Que dirai-je à ce juge terrible qui m'a fait si souvent pressentir la vérité de sa religion ? » Rempli de terreurs et d'angoisses, je demeurais immobile, une sueur froide coulait sur mon front, quand tout à coup une femme vêtue de blanc parut à mes côtés ! C'était comme une vapeur qui s'élève, comme une douce clarté, un rayon lumineux ; elle s'approche de moi, m'appelle et me dit : « En ce moment, une esclave prie pour toi, et c'est à sa prière que la Reine des cieux vient te rendre à la vie. » La vision disparut ; le lendemain j'étais guéri. Bientôt le fils du Turcoman courbait son front sous l'onde régénératrice : il était chrétien.

JOSSELIN. — Et votre père ?

NORBERT. — Pleure ma mort, sans doute. Ah ! si j'osais, si je pouvais le voir seul à seul... Mais non, la vue de son fils chrétien le ferait mourir de douleur !... Je prie pour lui ; peut-être un jour verra-t-il aussi la fausseté de l'Islamisme !... Et maintenant que vous me connaissez, dites-moi quels sont les projets et les ressources du Commandeur. Il ne serait pas impossible d'ouvrir, pour une négociation, un avis salutaire.

JOSSELIN. — La place peut tout au plus tenir deux jours encore : sous les coups des béliers, nos murs s'ébranlent et croulent. A l'intérieur plus de vivres pour nourrir un peuple affamé et séditieux ; sur les remparts, nous ne sommes que 4,000 guerriers ; l'armée du Sultan est innombrable... Il ne nous reste plus qu'à faire généreusement à Dieu le sacrifice de notre vie !

SCÈNE VIII

LES MÊMES, BALÉAN, *venant du fond de droite.*

BALÉAN. — Grand Dieu ! je frémis.

JOSSELIN. — Seigneur !

BALÉAN. — Oh ! c'est horrible, moi, chevalier !

NORBERT. — Encore quelque nouveau malheur ?

BALÉAN. — Approchez, Josselin de Courtenay, écoutez Robert, et jugez ce que je dois faire. La Reine m'a fait appeler auprès d'elle, il y a une heure, et a désiré de connaître au juste l'état de la cité. Au récit de notre détresse elle a répandu des larmes... Hélas ! moi aussi je pleurais !... et quand, lui rendant compte de votre dernière députation, je lui ai dit que le Sultan ne veut entendre aucune proposition, mais qu'il ordonne la mort de tous les chrétiens, alors son visage s'est enflammé. Elle m'a fait asseoir auprès d'elle et m'a dit : « Commandeur, vous voyez l'état malheureux de votre souveraine ; mon époux, Guy de Lusignan, est dans les fers avec tous les défenseurs du Saint-Sépulcre, le royaume de Jérusalem est à sa fin... nos ennemis nous apportent le déshonneur ou la mort. Dans cette extrémité j'ai recours à vous, noble chevalier, mon espoir, mon soutien. — Princesse, lui répondis-je, que puis-je faire pour vous, que désirez-vous de moi ? — Oh ! je vous en conjure, au nom de votre loyauté ; voyez, Sibylle n'est plus votre reine, ce n'est qu'une femme suppliante ! » Et la reine se jetait à mes pieds. Les yeux noyés de larmes, je lui dis : « J'engage ma foi de chevalier de Saint-Jean que je ferai ce que m'ordonnera ma souveraine, dussé-je pour cela souffrir mille morts. »

NORBERT. — Et quelle fut sa demande ?

BALÉAN. — Ah ! qui l'aurait pu prévoir ?... D'une voix forte et avec l'accent de la prière la plus pénétrante, elle prononça ces mots horribles : « Chevalier, ce que votre Reine demande de vous, c'est que vous lui coupiez la gorge avant qu'elle tombe au pouvoir des ennemis de Dieu. »

NORBERT ET JOSSELIN. — Oh ! ciel !

BALÉAN. — A ces mots, rempli d'épouvante, je me suis jeté à ses pieds pour lui demander qu'elle m'octroie mon serment, mais elle s'est éloignée sans me répondre !... Alors je suis sorti du palais, et je viens demander vos conseils dans une circonstance si malheureuse.

Josselin. — Hélas ! que pouvons-nous ?... Au fond de ma pensée, je crois que la Reine a raison.

Baléan. — Je pense comme vous, seigneur. Ah ! ne vaut-il pas mieux, nous inspirant d'un désespoir sublime, préluder à l'inévitable massacre en faisant de Jérusalem un vaste tombeau !

Norbert. — Pourquoi s'inspirer du désespoir, quand la prudence offre encore des moyens de salut ?...

Baléan. — Et que pouvons-nous ?

Norbert. — Il y a dans le camp un homme qui peut vous servir encore. C'est Malek-Adel, frère du Saladin, et qui a sur son cœur un grand ascendant. Il faut nous adresser à lui d'abord, l'intéresser au sort des chrétiens. Le Sultan, soyez-en sûr, ne refusera rien à sa demande.

Josselin. — Mais comment nous attacher Malek-Adel ?

Norbert. — Ne lui offrez pas de l'or ni de richesse, il les refuserait.

Baléan. — Que faire donc ?

Norbert. — L'émir n'aime en ce monde que deux choses : la guerre et la poésie. Il idolâtre surtout les chants des Francs. Il faut donc emmener avec vous, seigneur, un troubadour des Gaules qui déplore en langage inspiré les malheurs des chrétiens.

Baléan. — Mais comment parvenir jusqu'à Malek-Adel, le voir seul dans un camp aussi nombreux, où personne ne peut nous favoriser une entrevue ?

Norbert. — Un Juif que j'ai assisté, il n'y a qu'un instant, peut nous être du plus grand secours !... Permettez, seigneur, qu'il sorte de la ville, qu'il s'informe en quel lieu le frère du Sultan aime à se retirer seul avec le troubadour arabe qui chante aussi des airs inspirés.

Josselin. — Mais ce Juif peut nous tromper.

Norbert. — Son fils nous reste en otage.

Baléan. — Merci, Norbert, vous qui espérez encore quand les guerriers sont anéantis par la douleur !... Mais quel homme mieux que vous peut réussir dans cette entreprise ? Soyez donc vous-même l'envoyé de la Reine, je ne serai que pour accompagner vos pas.

Norbert. — Et maintenant, seigneur, allons auprès des saints autels prier pour le succès de notre entreprise. (*Ils entrent dans l'église à droite.*)

SCÈNE IX

SIMON, CYPRIEN, CYRILLE, *le peuple, venant tous du deuxième plan à gauche.*

Simon. — Il faut aller trouver le Commandeur et lui demander qu'il rende la ville.

Cyprien. — Allons donc !... nous rendre, quand nous pouvons pourfendre encore 10,000 musulmans.

Cyrille. — Mais nous n'avons plus de vivres.

Un homme du peuple. — Mais les Turcomans sont déjà maîtres de la Tour de David.

Tous. — Rendons-nous ! rendons-nous !

Simon. — Peuple, avant de nous rendre, il faut immoler les auteurs de nos souffrances.

Cyrille. — Ce sont les Juifs qui sont cause de tous nos malheurs.

Simon. — Ils ont crucifié Notre-Seigneur.

L'homme du peuple. — Ils empoisonnent les fontaines.

Cyprien. — Ils ont des relations avec les musulmans ; demain ils se joindront à eux pour nous égorger.

Cyrille. — Leur sang apaisera le ciel ; mort aux Juifs !

Tous. — Mort aux Juifs !

SCÈNE X

LES MÊMES, HIRCAN.

Hircan, *entrant ; à lui-même.* — Voici la troisième heure, le Prieur m'attend au monastère.

L'homme du peuple. — Un Juif !

Hircan, *de même.* — Ah ! si je pouvais sortir de la ville !

Cyrille. — Mort au Juif !

Tous. — Mort au Juif ! (*Ils s'emparent de Hircan.*)

Cyrille. — Misérable ! tu as vu ta dernière heure.

Hircan. — Et pourquoi ? Quel crime ai-je commis ?

Tous. — Il faut le lapider ! il faut le lapider !

Hircan. — Les rôles changent : Il y a onze siècles un peuple criait sur cette montagne : « Crucifiez-le ! crucifiez-le ! » aujourd'hui, et sans plus de raison, vous dites : « Lapidez-le ! » Nous sommes la victime, vous devenez les bourreaux. Eh bien ! frappez, je suis prêt : je présenterai ma poitrine et mon front à vos pierres, comme demain j'offrirai ma tête au cimeterre arabe.

Tous. — Mort au Juif !

Cyprien. — Respect au lieu saint ! Peuple, il faut le tuer vers la porte d'Ephraïm.

Tous. — A la porte d'Ephraïm. (*Tous sortent au fond à droite.*)

SCÈNE XI

RAOUL, NORBERT, puis ZOPIRE, *venant du fond gauche.*

Raoul. — Que Dieu bénisse le prieur des Hospitaliers qui m'a secouru dans ma détresse !

Norbert, *entrant.* — Je vais porter à Hircan ce permis qu'il désire. (*Apercevant Raoul.*) Troubadour, le Commandeur aurait besoin de votre art.

Raoul. — Ah ! que puis-je !...

Zopire, *à la cantonade.* — Mon père !... Mon père !

Norbert. — Quels sont ces cris ?

ZOPIRE, *accourant.* — Homme de Dieu, pitié pour mon père ; ils veulent le lapider.

NORBERT. — Et qui ?

ZOPIRE. — Les Chrétiens !... Ils l'entraînent !... Oh ! venez.

NORBERT. — Peut-être pourrai-je empêcher ce crime. (*A Raoul.*) Attendez ici le Commandeur. (*Il sort au fond de droite.*)

SCÈNE XII
RAOUL, *seul.*

Mon art ? mais de quel secours peut-il être ? Faut-il de mélodieux accords, alors que tout retentit du bruit des armes ou des cris de détresse ? Accompagne-t-on par des chants harmonieux les plaintes des blessés ou le râle des mourants ?

SCÈNE XIII
RAOUL, BALÉAN, puis NORBERT, HIRCAN, ZOPIRE, SIMON, CYRILLE, LE PEUPLE, *venant du fond de droite.*

BALÉAN. — Et maintenant que j'ai prié, je sens la confiance renaître.

NORBERT, *entrant avec Hircan.* — Non, peuple, vous ne commettrez pas ce nouveau crime.

TOUS. — Mort au Juif !

BALÉAN. — Et pourquoi ce désordre ?

CYRILLE. — Les Juifs sont la cause de tous nos maux.

SIMON. — Ils ont enlevé tous les vivres.

NORBERT. — Peuple, est-ce à ces malheureux qu'il faut demander la raison de notre détresse ? Ah ! c'est bien plutôt à nos crimes ! Dieu a vu l'abomination dans le lieu saint, et c'est pourquoi il a suscité le Sultan de Damas pour le venger.

BALÉAN. — Vous voulez du sang ? que n'allez-vous verser celui des ennemis.

JOSSELIN. — Oh ! non, car les ennemis peuvent se défendre. Vous préférez immoler le faible, hommes sans courage, pâles descendants de ces hommes de fer venus de France ! Les héros de la Croix ont disparu ; les hommes qui sortent de cette race illustre sont comme le marc impure qui sort de l'olive ou comme la rouille qui provient du fer. (*Ici Norbert conduit les deux Juifs vers la porte du monastère ; ils disparaissent.*)

L'HOMME DU PEUPLE. — Commandeur, nous voulons du pain.

TOUS. — Oui, oui, du pain ou la mort.

BALÉAN. — Vous trouverez l'un et l'autre dans le camp de Saladin.

CYRILLE. — Et pourquoi laisser se prolonger notre misère ? Dieu a abandonné son peuple, personne ne vient nous secourir, ne vaudrait-il pas mieux nous rendre.

SIMON. — Oui, oui, rendons-nous.

TOUS. — Rendons-nous !

JOSSELIN. — Cessez vos clameurs, hommes stupides et indisciplinés, ou je promène mon épée dans vos rangs, comme la faux dans l'herbe brûlée par le soleil.

BALÉAN. — Peuple, Saladin refuse toute capitulation ; le jour où vos portes s'ouvriront devant lui sera celui de votre mort à tous, entendez-vous, chrétiens ?

NORBERT. — Ah ! pourquoi des cris sanguinaires ont-ils été entendus sur la montagne sainte, et répétés par l'écho au fond même du sépulcre de votre Dieu ? Chrétiens !... ah ! pourquoi vouloir du sang ? Dieu demande vos cœurs et vos larmes ; humiliez-vous donc devant Celui qui vous frappe, et vous obtiendrez miséricorde... Le Commandeur et moi nous allons tenter un nouveau et dernier moyen de salut. Prenez donc patience un jour encore, jusqu'à ce soir à la nuit tombante. Pendant ce temps, veillez sur les remparts... aidez les chevaliers à repousser les ennemis. Un jour encore ! je vous le demande au nom de Dieu, au nom de votre Reine, au nom de vos fils et de vos mères qui sont comme des brebis livrées à la fureur des farouches soldats musulmans.

TOUS. — Oui, oui, encore un jour !

BALÉAN. — Soyez tous réunis en ces lieux, ce soir à la onzième heure, et je vous ferai connaître le résultat de notre démarche.

TOUS. — Vive le Commandeur !

NORBERT. — Amis, c'est l'heure où je dois offrir le divin sacrifice. Venez, prions pour le succès de l'ambassade ; demandons à Dieu que le lion de l'Orient devienne doux comme la colombe. (*Ils entrent à l'église.*)

(*La toile tombe.*)

ACTE DEUXIÈME

Le théâtre représente le Jardin des Oliviers. A droite, deuxième plan, la grotte de l'Agonie ; au fond, à droite, un chemin conduisant à Gethsémani ; à gauche, premier plan, le chemin conduisant à la vallée de Josaphat ; au fond, à gauche, les premières tentes des musulmans.

SCÈNE I

HIRCAN, *seul.*

C'est ici, au Jardin des Oliviers, que le Prieur doit se rendre... Souvent Malek-Adel vient seul en ce lieu avec Azel, jeune troubadour arabe ; si Norbert pouvait le rencontrer dans un de ces moments de solitude, je serais délivré de tout engagement, et mon fils me serait rendu. Mais pourquoi le premier des émirs choisit-il ce jardin pour y jouir du plaisir de la solitude ? Il y a bien d'autres sites plus beaux, plus agréables... Ah ! c'est que d'ici l'on voit parfaitement Jérusalem, dont les maisons blanches s'élèvent au-dessus du hameau

★★

de Gethsémani. (*Passant à gauche.*) D'ici encore l'œil découvre dans toute son étendue la sombre vallée de Josaphat, où court tristement le torrent de Cédron. La vue de ces milliers de tombeaux élève l'âme et lui fait trouver un plaisir dans la tristesse même. Ah ! que ces pierres sépulcrales, que ces longues herbes au milieu desquelles on distingue des ossements, rappellent aux Juifs de désolants souvenirs !... C'est là que furent jetées pêle-mêle les victimes de Nabuchodonosor et d'Antiochus. Là encore que Titus fit amonceler les corps de plus d'un million de nos frères ? Dieu nous a promis une terre où coulerait le lait et le miel, et nous ne possédons dans la Judée que cette vallée déserte, dont les hiboux seuls interrompent le silence !... Et pourtant c'est là que nous désirons tous reposer, auprès des sépulcres d'Abraham, d'Isaac et de Jacob, à l'ombre du Temple de Salomon, dont on voit encore la place et les débris.

SCÈNE II

HIRCAN, RAOUL, BALÉAN, NORBERT.

Norbert. — Hé bien ! Hircan, pourrons nous espérer de rencontrer l'émir ?

Hircan. — Je sais que chaque jour il se rend dans ce jardin, où vous pouvez l'attendre sans crainte ; les musulmans respectent la solitude de Malek-Adel et n'y viennent jamais que lorsqu'il le faut pour les opérations militaires.

Norbert. — Allez donc au camp, observez... et si quelque circonstance imprévue venait traverser nos projets...

Hircan. — Je serai là, mes seigneurs. (*Il sort au fond, à gauche.*)

Baléan, *sur le milieu de la scène et regardant Jérusalem.* — Triste Jérusalem, quel sort est le tien ! ce jour est le dernier de l'empire des Francs !... Nous, les vainqueurs de l'Asie, les descendants de Godefroy de Bouillon et de Tancrède,... nous venons implorer la pitié des infidèles !... Nous venons fléchir le genou, demander pour tout un peuple la liberté d'aller pleurer dans l'exil la perte du tombeau sacré et la profanation des lieux saints !...

Norbert. — Votre douleur est grande, seigneur !

Baléan. — Immense, sans bornes ! Ah ! que ne puis-je réunir 10,000 guerriers !... Qu'il est pénible à un chevalier chrétien d'humilier son front devant un sectateur de Mahomet !

Norbert. — Seigneur Baléan d'Ibelin, il y a onze siècles que dans ce jardin où nous sommes, dans cette grotte du mont des Oliviers, un homme aussi succombait sous le poids de ses douleurs. Près de commencer son ignominieuse passion, le Christ se prosterna sur ce sol vénéré. La vue de ses douleurs prochaines, la pensée des malheurs de Sion accablait son âme divine, une sueur de sang coulait sur son corps adorable... Ah ! si comme lui le poids de nos douleurs nous écrase, si l'affliction brise notre âme, si nous venons répandre en ces lieux non une sueur, mais des larmes de sang, comme lui, élevons les yeux au ciel et disons : « Mon père, que votre volonté soit faite ! »

BALÉAN. — Bénie soit la religion sainte qui offre une consolation pour toutes les infortunes. (*Tous les deux s'agenouillent à droite.*)

RAOUL, *qui a considéré les alentours pendant le dialogue précédent.* — Quel enthousiasme s'empare de moi et vient faire vibrer les accords de ma lyre ! O mon âme, inspire-toi par la vue de ces tombeaux blanchissants et des tristes palmiers qui les environnent... N'est-ce point là cette vallée de Josaphat célébrée par les prophètes, et qui verra réunis tous les peuples au dernier jour ! O ma voix, que n'es-tu éclatante comme le trompette de l'ange pour réveiller du sommeil de la mort ceux qui reposent dans ces tristes déserts ! Là, les générations des hommes se presseront en foule comme les ondes de l'Océan, comme les flots du Jourdain. Ecoutez, poussière, soyez attentive de dessous vos pierres sépulcrales : Il n'y a plus de temps !... Un ange paraît sur la montagne de Sion, sa voix retentit dans les tombeaux, la mort rend ses victimes. Que ce lieu est terrible !... Assis sur un trône de nuages, ici l'Arbitre souverain prononcera la sentence sans appel. L'écho qui redit mes vers au soldat vigilant portera aussi à l'oreille des humains la parole de l'arrêt éternel. Serai-je, ô mon Dieu, sur le mont de Gethsémani avec les prédestinés ! où, sur le bord du torrent de Cédron, verrai-je avec les impies, la terre s'entr'ouvrir pour m'abîmer dans le brasier de ta colère ? Pitié, Seigneur, au nom de tes souffrances ; pitié pour moi. L'olivier qui croît en ces lieux est le symbole de la paix. Oh ! donne-moi la palme des élus dans la Jérusalem céleste.

BALÉAN, *se levant.* — Oui, Norbert, que la volonté de Dieu soit faite !

NORBERT. — Courage et confiance !

HIRCAN, *accourant.* — Seigneur, Malek-Adel vient ici, mais il est avec le Sultan.

BALÉAN. — Nous nous retirons à Gethsémani.

NORBERT. — Si tu vois l'émir seul...

HIRCAN. — Je courrai vous en instruire.

NORBERT, *à part.* — Oh ! si je pouvais me cacher, le voir sans être découvert ! (*Tous sortent au fond à droite.*)

SCÈNE III

SALADIN, MALEK-ADEL.

MALEK-ADEL. — Oui, seigneur, le ciel vous bénit. Quel souverain n'envierait pas votre bonheur ! Voyez le triste état de Jérusalem : deux jours suffisent pour que nous soyons tout à fait les maîtres.

SALADIN. — Pourquoi me parles-tu de bonheur ? Vain fantôme qui fuit comme l'ombre, que les jeunes gens voient dans l'avenir et la vieillesse dans un passé qui n'est plus ! Le bonheur ! il n'est point dans les richesses ni dans les triomphes. Tout l'or du monde et tous les lauriers dont il charge ma tête me paraissent vains comme le néant.

MALEK-ADEL.—Combien est grande la tristesse du Sultan, mon frère !

SALADIN. — Oh! Malek-Adel, que j'étais plus heureux quand je n'étais que le fils d'Ayoub!... Tu le vois, j'ai rempli le monde du bruit de mes conquêtes, j'ai soumis à mon sceptre la moitié de l'Asie ; je vois l'Egypte à mes pieds. J'ai détruit l'empire des Francs... Aujourd'hui mes yeux s'arrêtent sur la seule cité qui me résiste encore, mais dont je puis signaler le moment de sa chute. Et au milieu de tant de gloire, je ne sens qu'une tristesse mortelle, un vide accablant, une solitude immense !

MALEK-ADEL. — Ne ressentez-vous point trop, mon frère, une perte déjà bien ancienne ?

SALADIN. — Toute ma jouissance est dans ma douleur même. Mon frère, as-tu du plaisir à voir l'âne sauvage s'abreuver dans le torrent de Cédron, ou la hyène d'Arabie rôder autour du sépulcre des rois ?

MALEK-ADEL. — Oui, seigneur.

SALADIN. — Je n'en ai plus, moi!... Aimes-tu à considérer la mosquée d'Omar quand elle apparaît voilée d'un nuage ?

MALEK-ADEL. — Oui, seigneur.

SALADIN. — Je ne l'aime plus, moi!... Je n'aime que la solitude et les tombeaux depuis que j'ai vu tomber à Ascalon, Soliman, mon fils unique, en qui je mettais tout l'espoir de ma vie... Mon frère, que de pleurs j'ai versés!... O Mahomet, que n'as-tu permis que je meure avant cette terrible épreuve !

MALEK-ADEL. — Soliman a été vengé par la ruine d'une nation entière ; calmez donc une douleur qui ne doit pas être éternelle.

SALADIN. — Ce qui est si grand peut-il finir ? Est-ce assez de pleurer dix ans quand on a perdu tout ce qu'on aime ? (*Ici Norbert se montre écoutant à la porte de la grotte.*)

NORBERT, *à part*. — Je puis le voir, l'entendre, c'est lui.

SALADIN. — Je suis le roi de l'Orient, eh bien ! mon frère, je céderais tout mon empire au pâtre qui me donnerait de répandre une larme sur le tombeau de mon fils... Soliman ! Soliman ! Peut-être les bêtes féroces se sont disputé les malheureux restes de mon fils !

NORBERT, *à part*. — Mon Dieu, c'est vous qui me l'inspirez, vous m'en donnerez le courage. (*Il disparaît.*)

MALEK-ADEL. — Je crains que votre douleur...

SALADIN. — Ce matin encore, mon imagination frappée me montrait Soliman... il était là devant moi, calme, paisible ; il m'appelait : « Mon père, me disait-il, je suis mort pour tous, mais pour toi je vis, je respire encore... » Hélas! c'était une cruelle illusion ! J'étais seul sur mon divan.

MALEK-ADEL. — Je prie Monseigneur de chasser ces pensées désolantes !... J'oserai lui demander ses ordres pour l'assaut de Solime.

SALADIN. — Je ne puis rien prescrire dans ce moment... dans deux heures trouve-toi ici, j'y reviendrai ; sinon, ordonne toi-même. Je n'aime plus, moi, le bruit des armes, ni les chants de victoire ; je ne veux que le calme des tombeaux et pleurer seul Soliman, mon fils. (*Il sort à gauche, Malek fait un signe à la dernière coulisse à gauche.*)

SCÈNE IV

MALEK-ADEL, AZEL.

MALEK-ADEL. — Malheureux frère! je crains que sa douleur n'abrège ses jours. Mahomet, veille sur lui!... Viens, Azel, lis-moi encore les chroniques de Jérusalem.

AZEL, *lisant*. — « Godefroy de Bouillon mit le siège devant Jérusalem la 477ᵉ année de l'hégire. Il s'en empara après quarante jours. Les Francs entrèrent dans la cité en égorgeant tous les habitants qu'ils pouvaient frapper. Les Croisés profanèrent les lieux vénérés des musulmans; les chevaux nageaient dans le sang; les chevaliers égorgeaient les vaincus dans la mosquée d'Omar. 60,000 Sarrasins périrent en deux jours : on obligea leurs esclaves à porter leurs restes sanglants dans la vallée de Josaphat et jusqu'au pied du mont des Oliviers. »

MALEK-ADEL. — Assez! je frémis d'horreur! 60,000 Sarrasins immolés en deux jours!... Ce gazon recouvre leur dépouille, et de là s'élèvent des milliers de voix qui demandent vengeance. Depuis quatre-vingt-huit ans ces cris se prolongent!... Ils ont été entendus de Nicée jusqu'au Caire, et nous avons répondu à cette voix du sang... Silence, ombres terribles de mes frères égorgés! Silence!... Demain cette terre s'ouvrira; 100,000 chrétiens iront se soumettre à votre empire dans la nuit du tombeau. Silence!... Viens, Azel, fais entendre tes accents inspirés, et proclame le triomphe de Mahomet.

AZEL. — Dieu seul est grand! Mahomet est son prophète. L'étendard impie flotte encore sur les murs de la sainte Cité; mais il est comme la feuille desséchée quand la tempête s'avance furieuse et menaçante. Les remparts de Solime s'entr'ouvrent comme la digue que crèvent les eaux! Le désert a enfanté le torrent des guerriers qui demain vont inonder ses rues. Fuyez, légers vaisseaux, aux rives de Ligurie, et dites aux filles des Francs que vous avez entendu le cri des vautours se disputant les restes de leurs époux et de leurs pères. Ils ne viendront plus s'asseoir au foyer... Seul, le vent triste du désert portera jusqu'en ces lointains pays un souvenir de leur passage aux rives de l'Orient. Jéhovah seul est grand, Mahomet est son prophète.

MALEK-ADEL. — Bien, Azel, arrête-toi... Ne vois-tu pas trois hommes s'avancer vers nous?

AZEL. — Seigneur, ils ont en main l'olivier de la paix.

MALEK-ADEL. — Il est trop tard; il n'y aura point pour eux d'autre paix que celle des sépulcres.

AZEL. — Un guerrier, un moine, un troubadour!... Seigneur, j'aimerais...

MALEK-ADEL. — A entendre les chants des Francs?

AZEL. — On dit que ces peuples sont encore plus avancés dans la culture des beaux-arts que dans celle de la guerre.

***

SCÈNE V

MALEK-ADEL, AZEL, BALÉAN, NORBERT, RAOUL.

BALÉAN. — Dieu te garde, illustre émir, glorieux frère du Sultan de Damas et du Caire.

MALEK-ADEL. — Vous venez demander la paix ?

NORBERT. — Et la demander par toi, généreux Malek-Adel, dont l'âme aime la gloire et abhorre la cruauté.

MALEK-ADEL. — Mais cette voix ne m'est pas inconnue.

NORBERT. — Seigneur, Dieu t'a donné d'avoir le plus grand accès sur le cœur de Saladin, et c'est pourquoi un peuple malheureux te regarde comme son sauveur, comme le seul homme qui puisse l'arracher des bras de la mort.

MALEK-ADEL. — Il y a bientôt dix ans que sous les coups de Jacques de Maillé un jeune guerrier tomba dans les plaines d'Ascalon ; depuis lors votre perte fut résolue : toutes les actions, toutes les pensées de Saladin ont été inspirées par le désir de venger son fils !... Ah ! chrétiens, cessez de demander la paix : la voix de Soliman domine la vôtre et nous empêche de vous entendre.

NORBERT, *à Raoul.* — Raoul !

RAOUL. — Seigneur, le désir de la vengeance devrait-il être si fort ? Dans le combat, la mort frappe au hasard, la pierre écrase, le fer fend et brise, la lance cherche le cœur au défaut de l'armure sans soulever la visière du casque.

AZEL, *à part.* — Jeune Franc, j'ai pitié de toi. (*Haut.*) Seigneur, Jéhovah seul est grand ! Sans son ordre, qui eût pu parvenir jusqu'à Soliman ? 10,000 guerriers auraient-ils immolé celui que défendait le cimeterre de Malek-Adel ?

MALEK-ADEL, *à part.* — Que les accents de la poésie ont pour moi de charmes ! jouissons de ce bonheur passager : aujourd'hui la douceur et le calme, demain l'épouvante et la tempête. (*Haut.*) Approche jeune Franc. Azel, prends ta lyre ; célébrez les héros de votre nation ou la beauté de la nature.

NORBERT. — Mon Dieu, faites que votre peuple trouve grâce devant lui !

MALEK-ADEL. — Commence, Azel.

AZEL. — Salut à toi, désert de l'Arabie,
      Du prophète de Dieu trop heureuse patrie.

RAOUL. (*Lamentation.*) Salut, Jérusalem, objet de ma douleur,
      Mont sacré du Calvaire, où mourut mon Sauveur.

AZEL. — Mahomet fait du monde une sanglante arène.
      Tout peuple est à ses yeux le coursier qu'on entraîne.

RAOUL. — « Gloire à Dieu, dit le Christ, et paix à l'univers !
      Esclaves malheureux, je viens briser vos fers. »

AZEL. — Au loin, de mon Sultan tout proclame la gloire ;
      L'univers est rempli du bruit de sa victoire

RAOUL. (*Lamentation*.) Hélas ! Jérusalem, triste objet de mes pleurs
          Qui, sans frémir, pourrait contempler tes douleurs ?
     AZEL. — Le vaisseau du désert effrayé fuit rapide ;
          Un nuage de feu pèse sur l'air brûlant ;
          La terre est agitée ainsi que l'Océan,
          Hélas ! je ne vois plus le chameau ni son guide !
     RAOUL. — Arrête, voyageur, dont le pied imprudent
          Trace dans l'Apennin un sentier solitaire...
          J'entends l'horrible craquement
               Du glacier séculaire ;
          Fuis, malheureux, hâte tes pas,
          Pour toi, la neige est le trépas.
               C'en est fait, l'avalanche
               A terminé son sort.
          Regarde, enfant, cette colline blanche,
          C'est de ton père, hélas ! le monument de mort !
     MALEK-ADEL. — C'est bien, jeune Franc, tes chants sont tristes il
est vrai, mais lorsque, comme toi, l'on est près de sa fin...
     RAOUL. — Pourquoi si tôt mourir ?... Prince, le chasseur ne dirige
pas son arme contre le rossignol au chant mélodieux ; et nous
poètes, nous sommes semblables à cet oiseau qui ne laisse après lui
ni dégât, ni traces de sang, mais seulement le souvenir de sa voix.
     MALEK-ADEL. — Rassure-toi, jeune Franc, tu seras sauvé, reste
avec Azel, que les fils de la poésie s'aiment comme deux frères.
     RAOUL, *passant à droite*. — Merci, seigneur.
     BALÉAN. — Prince, un peuple entier espère de toi son salut.
     NORBERT, *à Raoul*. — Prends cette lettre, et si je ne puis parvenir
au Sultan, fais tout pour la lui remettre.
     BALÉAN. — Au nom de l'humanité, seigneur, présentez notre
demande à votre illustre frère.
     MALEK-ADEL. — Le puis-je ?... des chrétiens !
     NORBERT. — O prince que j'ai toujours aimé, Malek-Adel, un peuple
déjà dans l'abîme, tend vers toi des bras suppliants. Ton pied le
précipitera-t-il ou ta main s'étendra-t-elle vers nous pour nous
sauver ? (*Tous tombent à genoux.*)
     MALEK-ADEL, *à part*. — Quel charme a donc cette voix étrangère !
(*Haut.*) Relevez-vous, je parlerai en votre faveur au Sultan, mon
frère, mais puis-je espérer de lui faire révoquer ses ordres ?
     NORBERT. — Seigneur, mieux que nous tu connais le Sultan de
Damas, tu sais que son âme n'est point cruelle... Il obéit donc au
conseil des Imans ou des officiers. Nul doute qu'il ne révoque
volontiers l'ordre du massacre quand il n'écoutera que son cœur,
quand par tes soins des conseillers cruels ne l'influenceront plus, et
surtout quand il pourra penser que son frère et les émirs de Syrie
désirent la capitulation. (*Tous sortent au fond à droite, excepté Malek-
Adel seul.*)
     RAOUL, *à Azel en sortant*. — Je souhaite qu'un jour la lyre céleste
vibre en vos mains dans la terre du bonheur !

SCÈNE VI

MALEK-ADEL, SALADIN, ZÉLIM.

ZÉLIM, *entrant avec Saladin par le fond à gauche.* — D'où vient votre hésitation, seigneur ? Cet exemple de votre colère vous le devez à la sûreté de vos sujets vivants, et à la vengeance de ceux qui ne sont plus.

SALADIN. — Je le sais, Zélim, et pourtant je redoute de donner un assaut qui doit être suivi du massacre de plus de 50,000 veuves ou orphelins.

ZÉLIM. — Oui, seigneur, je loue vos sentiments ; mais doivent-ils être écoutés d'un souverain quand parlent bien plus haut la religion et la patrie ?

MALEK-ADEL. — Eh quoi ! est-ce là le langage d'un prêtre de Mahomet ?

ZÉLIM. — Le chef des Imans peut-il tenir au Sultan, mon maître, un autre langage que celui de la vérité ?

MALEK-ADEL. — Béni soit le prophète qui a donné à Saladin une âme grande et généreuse... L'ordre du massacre ne vient pas de lui.

SALADIN. — Eh quoi ! les guerriers syriens n'ont-ils pas fait éclater leur joie, quand on leur a annoncé que leurs cimeterres s'abreuveraient du sang des Francs ?

MALEK-ADEL. — Ils aimeraient mieux, seigneur, entrer dans Jérusalem en marchant sur des branches d'olivier que sur des monceaux de cadavres.

ZÉLIM. — Quand le prophète parle...

MALEK-ADEL. — Mahomet a été un guerrier terrible, mais un prince clément. Faut-il, chef des Imans, vous rappeler qu'il pardonna à un Arabe qui avait voulu l'assassiner !

ZÉLIM. — Seigneur, pouvez-vous hésiter quand d'ici vous contemplez cette Jérusalem où ruisselle encore le sang des victimes de Godefroy !

MALEK-ADEL. — Sois donc juste, toi qui parles au nom du Dieu de justice. Réponds : quand Godefroy assiégeait Jérusalem, vit-il venir à lui les Sarrasins suppliants et portant en leurs mains l'olivier de la paix ?

SALADIN. — Pendant toute la durée du siège, aucun messager ne sortit de Jérusalem.

MALEK-ADEL. — Aujourd'hui les chrétiens implorent la pitié du Sultan, mon frère. Alors les chrétiens étaient attaqués par une armée formidable. En renvoyant leurs prisonniers ils augmentaient la force de leurs ennemis ; en les gardant, ils étaient obligés de se diviser. Que faire ? Que conseillez-vous, Zélim, dans une semblable position ?

ZÉLIM, *à part.* — Taisons-nous, attendons.

SALADIN. — Les circonstances sont différentes, il faut le reconnaître.

MALEK-ADEL. — Et les circonstances nous manifestent les décisions du ciel. Je vous en prie, seigneur, mon frère, ornez votre front de la couronne de clémence, dont les feuilles ne se flétrissent jamais.

SALADIN. — J'aime ton bon cœur, généreux Malek-Adel.

MALEK-ADEL. — Seigneur, j'intercède pour des malheureux que je vous supplie d'admettre en votre présence.

SALADIN. — Pourrais-je te refuser ?

MALEK-ADEL, *sortant*. — J'espère les sauver... Pardonnez, seigneur.

SCÈNE VII

SALADIN, ZÉLIM.

ZÉLIM. — Seigneur, révoqueriez-vous l'arrêt porté contre vos ennemis? Les Francs ne sont-ils pas ces hommes au corps de fer, au cœur de bronze dont la présence est un fléau pour l'Orient ?

SALADIN. — J'hésite, et pourtant rassure-toi, je sais trop combien la ruine des chrétiens est nécessaire au repos de mon empire.

ZÉLIM. — Vous la devez encore à votre propre gloire. Cette paix que les chrétiens demandent, vous la leur avez offerte, mais ils l'ont insolemment refusée ! Vous la devez surtout à la mémoire de Soliman.

SALADIN. — Oh! que dis-tu, Zélim ?

ZÉLIM. — De Soliman, votre fils, tombé sur le champ d'Ascalon, percé de coups par des hommes sans pitié. Son sang crie, écoutez-le, seigneur ; son sang était le vôtre !... Vengez votre fils !

SALADIN. — Oui, vengeons Soliman. Ah ! chrétiens, de combien de douleurs, vous avez abreuvé mes jours !...

ZÉLIM. — Je crains que Malek-Adel ne vous fasse oublier Soliman ! et c'est pourquoi je conseillerais à mon seigneur de prendre à témoin le ciel de la résolution qu'il lui inspire.

SALADIN. — Je jure par l'hégire du Prophète, par le Coran, le livre divin, par le tombeau d'Ayoub, mon père, et par le tertre où tomba Soliman, de frapper sans pitié tous les chrétiens de Jérusalem qui ne renonceront pas à la religion de Jésus-Christ.

SCÈNE VIII

SALADIN, MALEK-ADEL, AZEL, BALÉAN, NORBERT, ZÉLIM, RAOUL.

MALEK-ADEL. — Puis-je présenter à mon illustre frère, le commandeur Baléan qui vient au nom des habitants de Solyme ?

SALADIN. — Sans doute, comme hier son lieutenant, me présenter une capitulation.

BALÉAN. — Glorieux vainqueur des Francs, nous reconnaissone que Dieu vous a donné le souverain empire de l'Afrique et de l'Asis, quand, à Tibériade, notre roi et toute la noblesse succombèrent ou devinrent vos prisonniers. Aujourd'hui les chrétiens, confessant la supériorité de vos armes, ont recours à votre bonté, et par ma voix implorent votre clémence. Nous ne demandons que la vie... Accédez, glorieux Sultan, à la demande de tant de veuves et d'orphelins dont les époux ou les pères sont tombés sous vos coups, ou gémissent dans les fers. Agréez nos supplications et nous quittons cette Jérusalem objet de notre plus grand amour,... et qui sera devenue pour nous le digne sujet d'une douleur éternelle.

SALADIN. — Malheureux !... il est trop tard.

MALEK-ADEL. — Mon frère, pitié pour eux !

SALADIN. — Le sang répandu demande vengeance.

BALÉAN. — Seigneur, hélas ! n'êtes vous pas assez vengé ? Nos pères et nos fils ont péri. Un long cri de douleur se fait entendre dans toute la Judée ; un royaume entier est détruit ; derrière ces murs, la famine et la mort ! O Saladin, fût-il jamais détresse plus grande ou vengeance plus terrible ?

SALADIN. — Oui, il y a une vengeance plus terrible : celle qui sera exercée demain. Je refuse toute capitulation.

MALEK-ADEL. — Je croyais, mon frère...

SALADIN. — Je pensais aussi que je ne pourrais rien refuser à l'émir, mon frère, et c'est pour me rendre inflexible à ses sollicitations et à celles de mon propre cœur, que j'ai juré par l'hégire du Prophète qu'il n'y aura point de salut pour les Francs.

BALÉAN. — Nous n'avons donc que la mort à attendre ?

SALADIN. — A moins que vous n'embrassiez la religion de Mahomet.

BALÉAN. — Plus d'espoir !... Sultan de Damas, moi aussi j'ai un serment à remplir ! Eh bien ! nous acceptons le sort que vous nous faites.

SALADIN. — Partez. Je déclare, dès ce moment, que tout chrétien trouvé dans le camp sera arrêté et mis à mort.

NORBERT, à part. — O mon Dieu !

SALADIN. — Désormais je ne puis voir en eux que des condamnés ou des traîtres.

BALÉAN. — Sache donc, grand Sultan, ce que peut un peuple réduit au désespoir. Vois, tes soldats avancés fuient devant Josselin de Courtenay. Nous sommes puissants encore. Nous périrons tous puisque c'est le sort qui nous est fait, mais il faut que notre mort même te remplisse d'effroi.

SALADIN. — Que puis-je craindre ? nous sommes 100,000 !

BALÉAN. — Nous pouvons tenir deux jours encore... cependant n'appréhende pas une tentative de fuite. Non, nous voulons satisfaire tes désirs. Sois content, le massacre que tu as ordonné sera accompli avant la fin du jour.

SALADIN. — Que dis-tu, guerrier ?... Ouvrirez-vous les portes de Solim ?

BALÉAN. — Non, Seigneur, je dis que ce soir, dans trois heures, un pavillon noir flottera sur le minaret de la mosquée d'Omar.

SALADIN. — Eh bien ?

BALÉAN. — A ce signe, 5,000 musulmans, prisonniers dans Jérusalem seront égorgés... Tu pourras entendre d'ici leurs cris déchirants... Ensuite, la mosquée d'Omar sera renversée. Tu verras d'ici ses dômes majestueux tomber en ruines fumantes. Nous briserons la pierre de Jacob que vous vénérez ; la cité tout entière deviendra la proie d'un vaste incendie.

Tous. — Oh !

BALÉAN. — A la lueur de ces flammes sinistres, nous égorgerons nos esclaves, nos femmes, nos enfants et nos pères !... et ensuite nous sortirons. Nous viendrons mourir sous les coups de tes soldats... mais aucun de nous n'ira au ciel sans avoir précipité dix musulmans dans l'éternel abîme. 'ai dit ; tu connais les Francs. Adieu, sois donc témoin de la ruine de la ville sainte qui aurait pu subsister grande et forte sans ton serment sanguinaire. (*Baléan part. Norbert le suit jusqu'au fond et s'arrête. Raoul et Azel entrent dans la grotte.*)

SALADIN. — Quel affreux courage ?

MALEK-ADEL. — Mon frère !...

SALADIN. — Laisse-moi accomplir un serment qui doit pour jamais anéantir le pouvoir des chrétiens... Qu'importe la ruine d'une ville s'il s'agit du salut d'un empire. (*Il va sortir, Malek-Adel et Zélim le suivent.*) Suis-moi !... et voyons s'il n'y aurait pas moyen de prévenir la catastrophe dont on nous menace. (*Il sort. Norbert, Raoul et Azèle rentrent en scène.*)

NORBERT. — Ils partent !... Ah ! si je pouvais lui parler seul !... (*A Raoul.*) Pour le salut de Jérusalem, je vais me rendre auprès du Sultan. Sois attentif à mon sort.

RAOUL. — Cette lettre... viens Azel. (*Ils sortent à gauche.*)

NORBERT. — Et maintenant, Seigneur, donnez-moi le courage et la prudence. (*Il sort à gauche.*)

(*La toile tombe.*)

ACTE TROISIÈME

L'intérieur de la tente de Saladin devant Jérusalem. A droite, deuxième plan, entrée ; au fond, aussi à droite, siège et table ; à gauche premier plan, autre siège ; au deuxième plan, entrée d'une partie réservée de la tente.

SCÈNE I

SALADIN, *seul.*

SALADIN, *debout.* — Il nous est impossible de prévenir les dévastations dont on nous a menacés. Et vraiment, je crains que les Francs n'exécutent leurs projets... Mais j'ai trop horreur du parjure pour faire la moindre démarche. J'ai pris des mesures pour arrêter ces furieux quand ils viendront à nous. Qu'ils soient les auteurs de leur ruine ou que ce soient mes soldats, Soliman sera vengé. Soliman, enfant que j'ai tant pleuré, c'était pour toi que je m'emparai de l'Egypte et de la Bythinie, pour toi que je conquis les bords de la mer Rouge... Tu devais être le Sultan de Bagdad, du Caire et de Damas, et plus tard de Nicée et de la Perse. A toi les contrées d'Antioche et d'Edesse !... Je voulais te faire roi du plus grand empire du monde. Insensé !... je n'ai pas même eu le pouvoir de te donner un tombeau ! une pierre sur laquelle je puisse répandre des larmes. (*Touchant son poignard.*) Ah ! combien j'aurais hâte de quitter la vie si l'espoir de la vengeance ne liait mon âme à mon corps ! Soliman !... mon fils. (*Il tombe abattu sur un siège.*)

SCÈNE II

SALADIN, ALVANTE, puis AZEL.

ALVANTE, *entrant*. — Seigneur, Azel, le protégé de Malek-Adel, demande s'il pourrait, comme d'habitude, se rendre auprès du Sultan mon maître.

SALADIN. — Peut-être les accents du troubadour donneront-ils à mon âme un peu de repos. Je permets qu'il entre et qu'il sorte en toute liberté. (*Alvante s'incline et sort.*)

AZEL, *entrant*. — Que Dieu protège le Sultan, mon maître. Seigneur, un Franc venu ce matin de Jérusalem, un jeune moine nommé Norbert, vient d'être arrêté dans le camp.

SALADIN. — Et sans doute aussi, conformément à mon ordre, il sera conduit hors du camp pour y être décapité ?

AZEL. — Il dit qu'il ne craint pas la mort, pourvu qu'il parle au Sultan, mon maître.

SALADIN. — Je ne puis l'entendre.

AZEL. — A qui il veut confier un secret de la plus haute importance pour le bonheur de sa vie.

SALADIN. — Insensé ! Pourquoi faire des suppositions mensongères, et cela pour prolonger de quelques minutes une vie misérable ! Ah ! qu'il meure !... Je refuse de l'entendre ! Alvante, que dans une demi-heure le moine Norbert ne soit plus. (*Alvante sort, à Azel.*) Approche, Azel... Sais-tu, enfant, ce que c'est que la souffrance ?

AZEL. — Seigneur, auprès de Malek-Adel, je suis si heureux que je ne puis même concevoir de désirs.

SALADIN. — Tu n'as donc pas perdu tout ce que tu aimes en ce monde ?

AZEL. — Ma mère et ma sœur attendent encore mon retour pour me presser dans leurs bras.

SALADIN. — Alors tu ne peux faire entendre un chant assez triste pour répondre aux besoins de mon âme.

AZEL. — Je puis, Seigneur, vous faire entendre ceux d'un troubadour que j'aime, et qui, bien que jeune encore, a éprouvé les plus grandes douleurs.

SALADIN. — Parle-moi de Soliman, Azel, chante la mort de ce fils si jeune et si brave.

AZEL, *chante*. — Ah ! quel spectacle affreux à mes yeux se présente !
    Quel génie au carnage anime les soldats.
    Ciel ! le jeune guerrier qui semait le trépas
    Vient de tomber, hélas ! sur la plaine sanglante.

Soliman, ô mon fils, objet de mes douleurs
Hélas ! combien sur toi j'ai répandu de larmes,
Depuis dix ans mes jours se succèdent sans charmes,
Et j'arrose, la nuit, mon divan de mes pleurs.

SALADIN. — Assez !... laisse-moi seul.

AZEL, *à part; se retirant*. — Raoul ! s'il était temps encore !

SCÈNE III

SALADIN, ALVANTE.

SALADIN, *seul*. — Bientôt, oui bientôt, jeune Arabe, tu chanteras la mort de Saladin. Ne prends pas alors cette harmonie si triste et si belle ! Non ! quitter cette terre ne sera point pour moi le plus grand des sacrifices. Ah ! la mort ne fût-elle que la fin de mes souffrances, je devrais la désirer comme autrefois j'ambitionnais l'empire. La mort ! là seulement peut-être on trouve le bonheur !... Il en doit être ainsi, car la pensée du trépas produit la sagesse, or la sagesse est déjà le bonheur de l'intelligence... O mort ! j'aime à te contempler avec ton voile sombre et ton cortège d'ombres fugitives ! Il me semble voir parmi elles l'enfant que tu m'as ravi. Méditons, ô mon âme, sur le pouvoir de cette reine inflexible, qui arrache un à un d'entre nos bras, tous ceux que nous aimons. (*Il sonne.*) Alvante, apporte ici un de ces voiles funèbres dont, après leur trépas, on enveloppe les grands de l'empire.

ALVANTE, *à part*. — Dieu ! le Sultan va-t-il ordonner le supplice d'un émir ?

SALADIN. — Ces pensées sont tristes ; mais est-il prudent de n'y jamais songer. (*Le garde apporte le voile funèbre et sort.*) Bientôt ce drap voilera ma triste dépouille, comme elle a voilé celle de plusieurs de mes sujets qu'on s'est hâté de cacher à tous les regards. Voilà donc tout ce qui me restera de tant de combats, de tant de triomphes !... Un cercueil ! un drap funéraire ! Ah ! quelle folie de m'être donné tant de soins, tant de peines pour un monde où je suis seul, et qui m'échappe, pour une terre qui s'entr'ouvre prête à me dévorer ! Princes de l'Orient, apprenez donc la véritable sagesse ! Et afin que cela soit un exemple pour vous, je veux que ce voile sombre soit promené dans les rues de Damas lorsque s'achèvera ma carrière. Je vais ordonner d'y écrire ces mots : « Voilà tout ce que le grand Saladin, vainqueur de l'Orient, emporte de ses conquêtes ! »

SCÈNE IV

SALADIN, RAOUL, *habillé comme Hazel*.

RAOUL. — Pardonnez, grand Sultan de Damas, si j'ai pris cet habit pour venir jusqu'à vous.

SALADIN, *geste de colère*. — Un Franc !

RAOUL. — Un moine qui m'a pris en pitié quand je mourais de

faim, m'a dit, pendant la conférence de Gethsémani : « Jeune
Franc, si l'on m'arrête, fais tout pour que cette lettre parvienne au
Sultan. » Et pour lui obéir j'ai emprunté les habits d'Azel.

SALADIN. — Malheureux ! tu as couru à ta perte.

RAOUL. — Hélas !... Seigneur, je vous en conjure, lisez cet écrit,
car ils seront bientôt hors du camp ceux qui vont l'immoler.

SALADIN, *lisant*. — « Grand Sultan, ton fils Soliman n'est pas mort. »
Mon fils ! ô ciel !... Alvante, Alvante ! (*Le garde entre.*) Vite à cheval,
précipite-toi hors du camp, fais arrêter l'exécution du moine Norbert,
hâte-toi. (*Le garde sort, lisant.*) « Je puis te dire où il est, te donner
des preuves de la vérité de mes paroles ; pour cela je ne demande
qu'une grâce !

RAOUL. — Que peut donc contenir cet écrit !

SALADIN, *à part*. — Est-il vrai ?... N'est-ce point un piège ?... Peut
être pour sauver sa vie il m'aura trompé, cruellement trompé !...
Pourtant le corps de Soliman ne fut point retrouvé après le combat.
Ah ! si ce n'était pas une illusion !... Quoi qu'il en soit, je connais
seul le contenu de cette lettre ; je vais donc m'environner du plus
profond mystère, et si elle n'est qu'un artifice, le tombeau et mon
cœur en conserveront seuls la mémoire. (*A Raoul.*) Jeune Franc, tes
yeux, meilleurs que les miens, distinguent-ils d'ici l'extrémité du
camp ?

RAOUL. — Seigneur, je vois Norbert au lieu où se divise le
chemin de Bethléem.

SALADIN. — Déjà !... et ne vois-tu pas Alvante courir à bride
abattue ?

RAOUL. — Je distingue à travers la poussière un cavalier rapide,
mais il est encore bien loin des soldats.

SALADIN, *à part*. — Mon Dieu ! s'il arrivait trop tard ! ô mon fils !

RAOUL. — Les soldats s'arrêtent !... Je vois Norbert à genoux.

SALADIN. — O malheureux père !

RAOUL. — Je ne distingue plus rien !... sinon une foule qui se
presse et soulève la poussière.

SCÈNE V

SALADIN, MALEK-ADEL, RAOUL.

MALEK-ADEL. — Seigneur, une grande agitation règne à Jérusalem ; le peuple inonde les rues autour du Calvaire et fait entendre
des cris sinistres ?... Qu'ordonnez-vous ?

SALADIN. — Rien, mon frère, rien ; je suis le plus malheureux
des mortels !...

MALEK-ADEL. — Mon frère...

SALADIN. — Cours sur le chemin de Bethléem, défends d'ap-
procher du corps du moine Norbert... Regarde dans ses habits si tu
ne trouveras rien qui puisse révéler un secret terrible, que lui seul
connaissait. (*Malek-Adel s'incline et sort ; à Raoul.*) Jeune Franc, je
t'accorde la vie, va rejoindre Azel, et dis-lui que Saladin mande

auprès de sa personne le chef des Imans. (*Raoul s'incline et sort.*)
Mon fils n'est point mort à Ascalon !... et dix ans se sont écoulés
sans qu'il ait pu faire parvenir à son père un mot, un seul mot qui
eût tari la source de mes larmes !... En quel lieu a-t-il donc été
retenu ?... Mais quelle terreur s'empare de mes sens !... Si mon
fils était prisonnier à Jérusalem !... s'il était du nombre de ces
5,000 musulmans que les chrétiens vont égorger !... Oh ! douleur !...
Et que puis-je faire ? Un affreux serment me lie devant Dieu et
m'empêche de faire grâce à Jérusalem !... Mais peut-être mon fils
est là... et je puis le sauver... si je devenais parjure !... Si j'étais
infidèle à mon serment !... C'est Soliman, c'est mon fils ?... O pardonne, prophète de Dieu, tu comprends le cœur d'un père ! Oui,
je vais pardonner à Jérusalem.

SCÈNE VI

SALADIN, ALVANTE.

ALVANTE. — Seigneur !

SALADIN. — Malheureux ! tu es arrivé trop tard !

ALVANTE. — Seigneur, au moment où je sortais du camp, le con·
damné était à genoux, il priait... j'étais encore à cinquante pas,
quand le soldat a tiré son cimeterre ; je crie : « Grâce, grâce. » Il
était temps encore... Norbert va vous être amené. Je me suis hâté
pour vous l'annoncer. En arrivant, mon cheval est tombé de fatigue.

SALADIN. — Bien, fidèle serviteur. Maintenant, écoute ce que je
veux de toi : Va quérir un coursier et une branche d'olivier, symbole
de la paix ou du pardon. Tiens-toi à la porte de ma tente royale, et
tout prêt à partir au premier signe. (*Alvante sort.*) Oui, Jérusalem
sera sauvée, si mon fils est dans ses murs.

SCÈNE VII

SALADIN, ZÉLIM.

ZÉLIM. — Allah, protège le Sultan, mon Seigneur !

SALADIN. — Je t'ai fait appeler, Zélim, pour savoir de toi quelle
est l'étendue des pouvoirs que les prêtres de Mahomet tiennent du ciel.

ZÉLIM. — Ceux du calife sont sans nombre.

SALADIN. — Le conseil des Imans peut-il dispenser un roi d'accomplir un serment, quand la raison pour laquelle il l'a fait n'existe plus ?

ZÉLIM. — Oui, Seigneur.

SALADIN. — Va donc ; réunis le conseil, et demande pour moi la
dispense du serment que j'ai fait ce matin à Gethsémani. (*Zélim
s'incline et sort.*)

SCÈNE VIII

SALADIN, NORBERT.

SALADIN. — Je puis, sans manquer à ma foi, sauver mon fils !...
Et cependant la ruine des chrétiens est nécessaire au repos de l'O-
rient.

NORBERT, *entrant.* — Je vous salue, illustre Sultan.

SALADIN. — Est-il vrai, chrétien ; que mon fils existe ! Ne me
trompes-tu point ? Où est-il ?

NORBERT. — Ce matin encore il y avait à Jérusalem un homme
dont le nom secret, mais véritable, est Soliman, fils de Saladin.

SALADIN, *passant à gauche.* — Soliman, à Jérusalem !... Alvante !

NORBERT. — Il n'y est plus, Seigneur.

SALADIN. — Il n'y est plus. (*Alvante entrant.*) Le Sultan ordonne...
Rien encore. (*Alvante sort.*) Norbert, n'as-tu point voulu sauver ta
vie par un cruel mensonge ?

NORBERT. — Non, Seigneur ; j'ai voulu seulement calmer des
terreurs, sécher vos larmes et épargner de grands crimes. Ce matin,
au jardin des Oliviers, je vous entendais prononcer ces paroles : « Je
suis le roi de l'Orient, eh bien ! je céderais tout mon empire au pâtre
qui me donnerait de verser une larme sur le tombeau de mon fils. »
Plus heureux que ce pâtre, je puis vous montrer vivant celui que
vous croyez mort. Mais avant de déchirer le voile du mystère, j'ai
une double grâce à demander au Sultan, et ce n'est point son empire.

SALADIN. — Oh ! parle, ou plutôt ordonne, hâte-toi.

NORBERT. — Je demande le salut de Jérusalem ; je demande que
vous acceptiez la capitulation des chrétiens.

SALADIN, *allant écrire.* — Je le veux. Je signe le traité rédigé par
Josselin de Courtenay. (*Le lui donnant.*) Et maintenant que deman-
des-tu ?

NORBERT. — La seconde grâce que je demande est pour moi.
Seigneur, accordez-moi de vivre ignoré des hommes sous cet habit
de ma religion et dans l'hospice de Saint-Jean.

SALADIN. — Je le veux, et de plus je permets aux Hospitaliers,
tes frères, de rester à Jérusalem où ils seront sous ma protection im-
médiate. Maintenant parle, brise le sceau du secret, rends la paix à
mon âme. ·

NORBERT. — Soliman existe, j'en atteste le ciel, j'en appelle à vos
souvenirs ; cet homme dont je vous parle, vous le fîtes venir la veille
de la bataille d'Ascalon dans votre tente, où il s'assit à votre gauche.
« Mon fils, lui dites-vous, si je succombe, cours à Damas et préviens
les projets des fils de Noureddin. »

SALADIN. — Nul doute, c'est lui !... Et cet homme ?

NORBERT. — Existe, Seigneur... Dix mois il resta malade à l'hospice même dont je suis prieur... il cachait son origine et son nom.

SALADIN. — Et ensuite ?

NORBERT. — Quand il fut guéri, Baléan d'Ibelin lui rendit la liberté sans le connaître.

SALADIN. — Tu mens, chrétien ; si mon fils eût été libre, il serait venu vers moi.

NORBERT. — Seigneur ! la même raison qui le fit rendre libre, le retenait loin de vous ! Oh ! jamais Soliman n'aurait consenti à se faire connaître s'il ne se fût agi du salut d'un peuple malheureux.

SALADIN. — Mais parle donc, je ne te comprends pas.

NORBERT. — Une lumière céleste a brillé à ses yeux.

SALADIN. — Que dis-tu, Norbert ?

NORBERT. — Et quand il était libre d'aller à vous.

SALADIN. — Eh bien !

NORBERT. — Il ne l'osa pas... parce que...

SALADIN. — Achève.

NORBERT. — Soliman était devenu chrétien.

SALADIN, *tombant accablé sur un siège à gauche.* — O ciel !... mon Dieu !... mais qu'ai-je donc fait pour que tous les fléaux de votre colère tombent à la fois sur ma tête blanchie !... Soliman chrétien !... Oui, je comprends son silence !... Ah ! je succombe à cette nouvelle douleur !... Je croyais avoir souffert tous les maux !... Insensé ! Je n'avais touché que du bout des lèvres le calice de la souffrance ! Oh ! laissez un libre cours à mes larmes... Après ce coup (*indiquant le drap mortuaire*), il ne me reste qu'à me draper dans ce voile funèbre et à me coucher dans le cercueil, désormais mon seul espoir et l'unique objet de mon amour... O mon fils, Soliman, ô mon fils !

NORBERT, *à part.* — Malheureux père ! (*Haut.*) Seigneur, que dois-je dire à Soliman ? Les bras de son père s'ouvriront-ils pour le recevoir ?

SALADIN. — Oh ! que je ne le voie jamais !... Malheureux, combien j'eusse été moins à plaindre d'avoir ignoré ce secret désolant ! Ah ! pourquoi me le dire ?

NORBERT. — Soliman devait-il laisser périr tant d'hommes qu'il pouvait sauver ?

SALADIN. — Retourne donc vers mon malheureux fils ; dis-lui qu'il reste dans son apostasie, mais porte-lui les malédictions d'un père !

NORBERT. — Arrêtez, Seigneur. Ah ! ne le maudissez pas ! Il vous aime.

SALADIN. — Il m'aime et il est chrétien !

NORBERT. — Oh ! si vous saviez avec quelle émotion il parle de vous ! Que de fois je l'ai vu monter sur les remparts pour vous découvrir de loin !... et des larmes brillaient dans ses yeux !

SALADIN, *attendri.* — Soliman, mon fils !

NORBERT. — Aujourd'hui il demande de se jeter à vos pieds.

SALADIN. — Jamais !

NORBERT. — Seigneur ! au moins jetez sur lui un regard de pitié ! s'il n'y a plus dans le cœur de Saladin un sentiment d'amour pour son malheureux fils !

SALADIN. — Et où est-il ?

NORBERT. — Seigneur, dites que vous l'aimez encore, c'est Soliman qui vous en conjure, qui vous demande votre main pour la presser sur son cœur.

SALADIN. — Soliman !

NORBERT. — Ce fils que vous avez tant pleuré !

SALADIN. — Ah ! qu'il revienne !... Mais où est-il ?

NORBERT, *tombant à genoux et lui pressant les mains.* — Devant vous, mon père !

SALADIN. — C'était lui !... (*Ils s'embrassent.*)

NORBERT. — Mon père !

SALADIN. — Mon fils !... Et je ne t'avais pas reconnu !... Pourtant c'est bien cette voix... ce regard... c'est là cet homme qui m'apparaissait et qui me disait : « Mon père, pour toi je vis, je respire !... »

NORBERT. — Oui, mon père, je suis mort pour vous, mais pour vous je respire et j'aime.

SALADIN. — Oh ! non, je ne veux point que tu ne vives que pour moi !... Mon fils, c'est à moi d'implorer ta pitié. Rejette loin de toi ce froc humiliant. Soliman, reviens à la religion de tes pères.

NORBERT, *à part.* — O mon Dieu, soutenez-moi. (*Haut.*) Mon père, c'est librement que j'ai embrassé la religion de Jésus-Christ. Puis-je trahir le Dieu qui m'a montré la vérité !

SALADIN. — Soliman, c'est pour toi que j'ai soumis à mon sceptre tous les royaumes de l'Orient.

NORBERT. — Comme vous, mon père, je n'emporterai en mourant qu'un voile funèbre.

SALADIN. — Pour toi, j'ai entassé richesses sur richesses.

NORBERT. — Je ne désire, Seigneur, que jouir en paix de la seconde grâce que vous m'avez accordée.

SALADIN. — Est-ce possible !... O Mahomet, trente ans je me suis consumé de travaux pour établir ou maintenir ton culte ; pour toi j'ai conquis trois empires, j'ai livré cent combats, et partout, dans la Syrie, le croissant a remplacé la croix... Au milieu de mon triomphe, souvent du ciel tu m'as vu répandre des larmes !... Je pleurais Soliman ! Et aujourd'hui que je retrouve mon fils, il est ton ennemi !... Ah ! Soliman, fils de tant de héros aimés du prophète, ne mets pas le comble à ma douleur en rejetant ma prière.

NORBERT. — Je ne puis, Seigneur.

SALADIN. — Reviens à la religion de tes ancêtres. Mon fils, laisse-moi placer vingt couronnes sur ta tête, inclinée au nom de Mahomet.

NORBERT. — Au nom de votre amour, mon père, ne me demandez plus de trahir mes serments.

SALADIN. — Le désir de te laisser le plus grand empire du monde, ou l'espoir de te venger, a été toute mon âme, toute ma pensée... Et maintenant tout est changé !... Mon destin s'achève !... adieu !...,

NORBERT. — Seigneur !

SALADIN. — Soliman ! quel moment terrible que celui qui s'écoule. (*Mettant la main à son poignard.*) Malheureux ! ne vois-tu pas que je te place entre le reniement et la mort ?

NORBERT. — Oh ! qu'il m'est pénible, mon père, de vous causer tant de souffrances, mais je ne puis renier ma foi... j'accepte la mort.

SALADIN. — Cruel !... mais c'est la mort de ton père ! mais ton refus, c'est un parricide !... Enfant, mon seul enfant, la douleur a brisé mon âme... un mot de ta bouche : promets de renoncer à ta religion ou ton père tombe à tes pieds baigné dans son sang. (*Il tire son poignard.*)

NORBERT. — Arrêtez ! que faut-il, mon père ?

SALADIN. — Te prosterner devant le Coran et adorer Mahomet.

NORBERT. — Mon Dieu ! quel vertige s'empare de moi !

SALADIN. — Parle !.,. hâte-toi, prononce ce mot d'où dépend ma vie ou ma mort.

NORBERT, *suppliant.* — Mon père !

SALADIN, *fort.* — Soliman !

NORBERT. — Apportez-moi le livre de Mahomet.

SALADIN. — Dans mes bras, enfant digne de mon amour !... un moment égaré mais qui reviens à la gloire. (*Il sort à droite.*)

NORBERT, *seul.* — Ah ! qu'ai-je fait ! mon Dieu, et que devais-je faire ? Je me croyais fort et je suis le plus faible des hommes !... Pitié ! Seigneur, pitié. Ah ! fuyons, je vous renierais, ô Dieu de mon cœur. (*Il sort.*)

(*La toile tombe.*)

ACTE QUATRIÈME

Même décor qu'au premier acte.

SCÈNE I

1er HOMME DU PEUPLE, 2e HOMME, 3e HOMME, AUTRES GENS DU PEUPLE.

1er HOMME. — Je dis que nous aurions dû nous rendre le jour ou parut l'éclipse.

2e HOMME. — Le lendemain la foudre tomba sur l'angle de l'église, c'était un signe de malheur.

1er HOMME. — Il y a plus longtemps, je crois, que nous étions menacés de ce désastre. Rappelez-vous cette comète à la longue chevelure qui paraissait du côté des monts Liban.

3e HOMME. — Ah ! ne parlez donc pas d'éclipse et de comète : le signe le plus certain que Dieu se retirait de nous, ce fut de voir la croix du Sauveur tomber entre les mains des impies. Avec l'arbre sacré tombait aussi le royaume des chrétiens.

SCÈNE II

LES PRÉCÉDENTS, SIMON, CYPRIEN, CYRILLE.

SIMON. — Bientôt sonnera la onzième heure ; Baléan doit en ce moment nous faire connaître le résultat de sa démarche.

CYPRIEN. — Je l'ai vu se rendre auprès de la reine. A son visage triste, j'ai compris que sa demande a été refusée, et que le tigre de Damas veut boire notre sang.

1er HOMME. — Ah ! que ne sommes-nous comme les soldats du Vieux de la Montagne ! Que n'allons-nous percer le cœur de cet ennemi de Dieu !

3e HOMME. — On dit que le moine Norbert n'est pas revenu du camp.

2e HOMME. — Je dis que le prieur n'était qu'un traître, qui a voulu sauver sa vie en feignant de pouvoir être utile à la cité.

3e HOMME. — Le troubadour franc n'est pas revenu non plus.

1er HOMME. — Ils auront peut-être trouvé le moyen de s'enfuir.

SIMON. — Amis, tout est perdu ! C'est en vain que l'espoir viendrait nous tromper encore !... Célébrons le dernier de nos jours par des chants, des cris de joie... Rions, amusons-nous, demain le fer des Sarrasins doit nous frapper tous.

CYPRIEN. — C'est aujourd'hui le dernier de nos jours !... Mais pourquoi des danses ne sont-elles pas établies partout dans Jérusalem ?

1er HOMME. — Oui, couronnons-nous de fleurs.

CYRILLE. — Comme les victimes qu'on va égorger !... Oh ! douleur ! faut-il que sur le Calvaire des chrétiens pensent au plaisir à la veille de paraître devant Dieu !... Aujourd'hui son sang demande miséricorde !... demain, il criera justice !

2e HOMME. — Pourquoi penser à la mort !

1er HOMME. — Rejetons toute image funèbre.

3e HOMME. — Amis !... vive le plaisir !

TOUS. — Vive le plaisir !

SCÈNE III

LES MÊMES, JOSSELIN, BALÉAN.

JOSSELIN, *entrant.* — Manants ! silence... Voici le Commandeur.

SIMON. — Sachons si nous étions trompés.

BALÉAN. — Peuple de Jérusalem, j'ai présenté vos supplications à Saladin ; il veut vos têtes et celles de tous les chrétiens. (*Murmure général d'indignation.*) Souffrirez-vous, chrétiens, que les infidèles vous ravissent impunément la vie et l'honneur ?

TOUS. — Malédiction !... Vengeance !...

BALÉAN. — Les Francs sont-ils des agneaux qu'on égorge sans qu'ils se défendent ?

TOUS. — Non, non !...

BALÉAN. — Voulez-vous que vos filles et vos femmes tombent au pouvoir d'hommes féroces et sanguinaires?... Laisserons-nous les impies souiller la ville sainte?

Tous. — Non, non! Mort aux Sarrasins!

Josselin. — Mais que faire?

Baléan. — Cependant nous ne pouvons plus tenir; demain les musulmans seront dans nos murs.

Simon. — Commandez, seigneur.

Baléan. — Chrétiens! le moment est venu de frapper un coup terrible et dont le passé n'offre que peu d'exemples!... Ne criez pas : « Vive le plaisir! » mais plutôt: « Vive la mort! » Il faut que lorsque les ennemis entreront à Jérusalem, ils marchent sur des ruines et des cadavres.

Tous. — Partons!... Vive la mort!

Baléan. — A un signal, quand un pavillon noir flottera sur la mosquée d'Osmar, allez, peuples de braves, égorger tous les musulmans prisonniers. C'est Saladin qui a dicté leur arrêt.

Tous. — Mort aux musulmans!

Baléan. — Frappez aussi les Juifs.

Tous. — Mort aux Juifs.

Baléan. — Immolez de même tous les chrétiens qui ne peuvent porter les armes!... N'ayez pitié ni de vos amis ni de vos proches!...

Josselin. — Quel ordre affreux!... O désespoir!...

Baléan. — Allumez ensuite le plus effroyable incendie qui fût jamais!... Qu'à son tour Saladin soit épouvanté!... Que Jérusalem périsse par le feu de notre désespoir comme autrefois Sodome par le feu du ciel... Venez ensuite, chrétiens, suivez-moi, et allons mourir en précipitant dans le tombeau nos cruels ennemis.

Tous. — Vive le Commandeur!

Baléan. — Allez donc... Dans un moment, quand l'horloge sonnera, le pavillon noir sera arboré; le tocsin se fera entendre... Alors ce sera la dernière heure de Jérusalem.

Tous. — Mort et incendie! (*Ils sortent.*)

SCÈNE IV

BALÉAN, JOSSELIN.

Josselin. — Commandeur, vous n'espérez donc plus rien?

Baléan. — Rien!

Josselin. — Mais Norbert?

Baléan. — N'était qu'un trompeur, un lâche qui figurera peut-être parmi nos ennemis.

Josselin. — Qui l'aurait cru?

Baléan. — Je lui pardonne; le spectacle d'une ville arrivée au moment de sa destruction est un tableau si désolant!

Josselin. — Mais votre dessein m'épouvante, seigneur!

Baléan. — Sans doute. Mais que faire? réponds... Si nous ne

pouvons éviter le trépas au moins conservons l'honneur de notre nom.

Josselin. — Hélas !...

Baléan. — O Josselin ! qu'il m'est pénible de faire exécuter mes ordres !... Jérusalem, toi que j'ai défendue si longtemps, est-ce de moi que devait venir l'horrible arrêt de ta destruction ? Le protecteur du Saint-Sépulcre devait-il l'environner de ruines ? (*Il s'agenouille.*) Pardonne, ô mon Dieu, pardonne à mon désespoir... Fais retomber sur Saladin ce sang qui va couler... Que l'incendie qui dévorera Jérusalem soit à tes yeux comme la flamme de l'holocauste... Et quand je tomberai, moi aussi, reçois dans les bras de ta bonté cette âme, pour laquelle tu as versé tout ton sang, sur cette terre que j'arrose de mes pleurs !...

Josselin. — Mon Dieu, vit-on jamais souffrance pareille !

Baléan, *se relevant.* — Suis-moi, Josselin : au pied de l'autel, le guerrier trouve courage et lumière. (*Ils entrent dans l'église.*)

SCÈNE V

HIRCAN, ZOPIRE.

Zopire. — Je craignais de ne plus vous revoir, père !... mais puisque vous êtes revenu, je bénis Jéhovah.

Hircan. — Enfant, hâtons-nous de fuir de Jérusalem, comme Loth de Sodome.

Zopire. — Les chevaliers du temple gardent la porte d'Ephraïm.

Hircan. — Je viens ici pour demander au Commandeur l'ordre de nous laisser sortir.

Zopire. — Vous êtes bon, père, de n'avoir pas voulu vous sauver sans votre fils.

SCÈNE VI

HIRCAN, ZOPIRE, RAOUL.

Raoul. — Oui, mieux vaut mourir à Jérusalem que de vivre encore parmi les ennemis de Dieu !

Hircan. — Pourquoi, jeune troubadour, revenez-vous sans l'homme de Dieu que vous accompagniez ?

Raoul. — Il n'est plus !... Victime de son dévoûment, il a voulu implorer la pitié de Saladin, et il a succombé...

Zopire. — Saladin est bien cruel !... père, n'allons pas vers lui.

Hircan. — Sans doute il ne le connaissait pas, autrement il eût récompensé sa vertu.

Raoul. — J'ai vu la populace ivre tout à la fois de plaisir et de fureur ! J'ai entendu des plaintes et des chants de joie !... Les Francs se voilent d'un drap funèbre orné de roses et parfumé d'encens ! Quel vertige s'empare donc des peuples quand sonne leur dernière heure !... La réponse de Baléan est déjà connue... Je vais assister à ce drame épouvantable, mais je ne survivrai point pour chanter dans mes vers la ruine de la sainte cité !... (*A Hircan.*) Fuyez ; vieillard, je crains pour vos jours.

Hircan. — Mais sans l'ordre de Baléan, comment franchir la porte d'Ephraïm ?

Raoul. — Peut-être est-il auprès de la Reine ?

Hircan. — Serai-je assez heureux pour parvenir jusqu'à lui ? (*Il sort avec Zopire.*)

SCÈNE VII

RAOUL, puis BALÉAN, JOSSELIN.

Raoul. — Pauvre vieillard, ta fidélité mérite bien qu'on te laisse vivre encore.

Baléan, *sortant de l'église.* — Adieu, église sainte, tombeau sacré où repose Jésus !... Adieu, mont du Calvaire, rocher teint du sang divin !... Adieu, Jérusalem !... Adieu, vous tous que je n'ai pu sauver, et dont je hâte la fin.

Josselin, *à Raoul.* — Jeune Franc, ne savez-vous rien de Norbert?

Raoul. — Je crois, seigneur, que conformément à sa menace, Saladin a puni son dévoûment du dernier supplice.

Baléan. — Pourquoi, Raoul, revenir à Jérusalem ?

Raoul. — Pour partager le sort de mes frères. (*Cris au dehors : Mort aux Juifs !*)

Baléan. — Quels sont ces cris ?... Quoi ! déjà !

Josselin. — Le peuple accourt.

SCÈNE VIII

JOSSELIN, BALÉAN, SIMON, CYPRIEN, CYRILLE, ZOPIRE, HIRCAN, RAOUL, HOMMES DU PEUPLE.

Simon, Cyprien, Cyrille, *entrant par la droite.* — Mort au Juif !

Zopire. — Arrêtez ! chrétiens ; arrêtez, c'est mon père.

Les hommes du peuple. — Non, non ! qu'il meure !

Zopire, *à Baléan.* — Seigneur ! ils veulent tuer mon père ; vous lui avez promis la liberté.

Baléan. — Je m'en souviens.

Hircan. — Hélas ! pitié.

Baléan. — Peuple, arrêtez ! cet homme, j'ai juré qu'il serait libre de sortir de Jérusalem. (*Lui remettant un écrit.*) Allez ! à la présentation de cette lettre, la porte d'Ephraïm s'ouvrira devant vous. (*Hircan et Zopire sortent.*)

Deux hommes du peuple, *entrant.* — Mort et incendie !

Simon. — Quand donc le signal paraîtra-t-il ? il tarde trop.

Josselin. — En effet, l'heure s'avance.

Premier homme du peuple. — Commandeur, nous sommes prêts.

Cyrille. — Pourquoi cette féroce impatience, chrétiens ? Dans un instant, nous serons tous devant Dieu. A genoux, prions.

Baléan. — Oui, à genoux !... prions, afin que Dieu nous reçoive à miséricorde. (*Tous à genoux. Musique funèbre.*) Et maintenant, peuple, debout, voici l'heure.

JOSSELIN. — Dans la Cité, le tocsin commence... les torches s'allument.

BALÉAN. — C'en est fait! (*Déployant un drapeau noir.*) Aussitôt que je l'aurai arboré.

TOUS. — Oui, oui! mort et incendie! (*Baléan sort.*)

RAOUL. — Salut, ange de la mort, j'entends le bruit sinistre de tes pas précipités ; les ombres qui s'épandent sur la nature sont les replis de ta robe flottante... Et pourtant l'avenir avait pour moi tant d'espérances!...

SIMON. — Je vois le Commandeur sur la mosquée! il lève sa bannière.

JOSSELIN. — Amis, l'épée nue! (*Ils tirent leurs épées.*)

RAOUL. — Arrêtez! Arrêtez!...

TOUS. — Mort et incendie.

RAOUL. — Arrêtez! malheureux! la bannière?... Regardez donc.

JOSSELIN. — O ciel! mais c'est une erreur !

CYPRIEN. — Dieu! on a placé une bannière blanche sur laquelle se montre une croix rouge !

SCÈNE IX

LES MÊMES, NORBERT, MALEK-ADEL.

NORBERT. — Mes amis, tout est sauvé! Saladin accepte la capitulation.

MALEK-ADEL. — Au nom du Sultan, mon maître : La vie est accordée à tous les chrétiens. Norbert et les hospitaliers resteront à Jérusalem. (*A Norbert, qu'il amène sur le devant.*) Ton Dieu, Soliman, a fait un miracle : il a triomphé du cœur de Saladin, qui te pardonne pourvu que tu vives.

NORBERT. — Oh! merci, mon Dieu!

BALÉAN. — Peuple! criez : « Vive Norbert! » Il est notre sauveur.

TOUS. — Vive Norbert!

NORBERT. — Chrétiens! Vive le Seigneur qui m'a rendu vainqueur de l'enfer, et qui m'a permis d'arriver assez tôt pour arborer l'étendard du salut.

(*La toile tombe.*)

FIN.

IMP. GEORGES JACOB, — ORLÉANS.

A LA MÊME LIBRAIRIE

A. DE CHAUVIGNÉ

La Fête du Directeur, comédie en un acte, mêlée de couplets.
Une brochure. . . . . » 50
Les deux Robinsons du Château noir, comédie-lecture. Une
brochure. . . . . » 50
L'Équipée, comédie en un acte, mêlée de chants. Une bro-
chure . . . . » 50
La Saint-Augustin, comédie en un acte. Une brochure. . » 50
Les Suites d'une Faute, comédie en un acte. Une brochure » 50
Devant l'Ennemi, comédie en un acte. Une brochure . . » 50
La Dernière lettre, comédie en deux actes. Une brochure. » 50
Une Conversion sous Dioclétien, drame en trois actes. Une
brochure. . . . . » 50

JEAN GRANGE

La Justice du duc de Brunswick, comédie en un acte. Une
brochure. . . . . 1 »

JEAN DRAULT ET JULES CLERMONT

Fricotard et Chapuzot, comédie en trois actes. Une brochure . . . . 1 »
Le Mouchoir de Chapuzot, monologue. Une brochure. . » 50

AUGUSTE VOISINE

Les Francs-Tireurs de Belfort, drame patriotique en trois actes.
Une brochure. 1 25

NUNC

Le Dernier jour de l'Apostat, drame en trois actes et en vers.
Une brochure. 1 50

AUGUSTIN PAUL

Garcia Moreno, président de l'Équateur, drame en trois actes et
en vers. Une brochure. 1 50
La musique, se composant de six morceaux, se vend sépa-
rément. . . . . 2 »

M. J. G. B.

Les Saints Jumeaux, drame historique en trois actes et en vers.
Une brochure. » 50
Sabinus, drame historique en cinq actes. Une brochure. . » 75

IMP. GEORGES JACOB, — ORLÉANS.